autobiographies
d'un cri

REMERCIEMENTS

Les Éditions du Vermillon
remercient le Conseil des Arts du Canada
et le Conseil des arts de l'Ontario
dont elles ont reçu une subvention globale.

Données de catalogage avant publication (Canada)

Pelletier, Pierre Raphaël, 1946-
    Autobiographies d'un cri

(Collection Rameau de ciel ; 17)
Poèmes
ISBN 1-895873-23-1

    I. Titre.   II. Collection.

PS8581.E3988A87 1995   C841'.54   C95-900190-5
PQ3919.2.P44A87 1995

ISBN 1-895873-23-1
COPYRIGHT © Les Éditions du Vermillon, 1995
Dépôt légal, premier trimestre 1995
Bibliothèque nationale du Canada

Rameau de ciel 17

pierre raphaël pelletier

autobiographies d'un cri

poèmes

Œuvre reproduite
sur la couverture
Pierre Raphaël Pelletier
mouvances macérées
acrylique sur papier
1993
88,5 cm x 58,3 cm

 Vermillon

DE L'AUTEUR

• *En passant*, poésie [s.é.], 1975, 100 pages (en collaboration avec Georges Tissot et Serge Fuertes, dessins de Guy Laliberté).

• *Temps de vies*, poésie, collection «L'Astrolabe», n° 1, Éditions de l'Université d'Ottawa, Ottawa, 1979, 70 pages (dessin de Marc-Antoine Nadeau).

• *Victor Blanc. La Bête ou Un caprice des temps*, théâtre, Éditions de l'Université d'Ottawa, Ottawa, 1981, 104 pages.

• *Zinc or*, poésie, collection «Parole vivante», n° 10, Vermillon, Ottawa, 1986, 48 pages.

• *Sur les profondeurs de l'île*, ballade, collection «Rameau de ciel», n° 10, Les Éditions du Vermillon, Ottawa, 1990, 80 pages (*Marquages*, photographies de Marie-Jeanne Musiol).

• *Le Premier Instant*, roman, Prise de parole, Sudbury, 1992, 160 pages.

• *Petites incarnations de la pensée délinquante*, Propos sur les arts et la culture présentés par Pierre Karch, L'Interligne, Ottawa, 1994, 172 pages.

À Jean Bélanger,
sculpteur incontournable,
comme un orignal.

le quotidien blasphématoire

vois ce bleu noir vautour
ce bleu indigo pour toujours
ce bleu sombre ratoureux
ce bleu bleuissant l'automne
ce bleu de prusse
serti des traînées de poudre
hommes et femmes
qui échappent à la terre de leur corps
vois le plaisir d'écrire
être céleste à rien
sous l'insouciance de tes mains
qui me ramènent à cette vérité
Évitez
la fosse commune des jours

_____

j'ai grande démangeaison
de penser à toi
se lève
l'intelligence carnivore
d'un quotidien
dont les dents
fortifiées au calcium
triplement plaquées
coupent
nos électricités à vivre
plus rien
il n'y a que toi
aux sons
aux goûts
aux concepts xylophones
je les orchestre
entre deux cris
ma langue les chérit
malgré moi
et je cherche
à les retenir
en petites boules
de salive bien brassée

―――――――――

alarmantes
nos interminables clartés
à nous donner naissance
l'un à l'autre
l'un dans l'autre
on entend
nos intimités intenables
prendre le large
des bruits opiniâtres
immobile et grande
tu manges une prune au lit
je m'endors
tu regardes
de petites taches d'usure
perforer les mots
que tu n'as pu me donner
tu te parles seule
tes langages exocets
affirment déferlant
l'événement est d'espérer
pour mortifier
un quotidien blasphématoire
l'instant bafouille
un teint de rouille

———————

treize

envahit la nuit boa
enroulée autour de tes histoires
la télé-couleur
en bouddha rieur
il fera beau demain
bonne nuit
on vous réveillera à sept heures
on vous rappellera
la déraison du monde
et sa météo répétée
toutes les quinze minutes
langoureusement
les horribles rides de la folie
reprennent tes méninges toutes en houle
enfin toi aussi tu dors
bercée par les flots d'un esprit disparu

———————

quelquefois
fleur de peau
à belle fontaine
viennent ton image
et la bonne heure
l'oxygène frissonne
en t'embrassant sous l'eau
je me perds
je me noie
amante aux étranges fluides
chantent les émotions citron lime
de nos phrases inaudibles
sous l'onde maquillée
de fruits déhiscents
tantôt dehors
à découvert
au grand air
nous serons de beaux mots anonymes

———————

nos migraines solitaires
nous poussent
loin de cette turbulence
où coulent
tropiques en douleur
de l'âme
le quotidien roule
jour après jour
aspirant tous ces gens
suivent mouvements
si meurtriers
envers nos solitudes
réclament
la sortie de ses sarcophages
mais le quotidien
se moque de nous
et nous divaguons
petits bonheurs
auréolés de vérités
se ratatinant
à la moindre secousse
de son agression
bourrée des semences
de Thanatos

————————

plus de sons
aux belles phrases
ici   maintenant
des grincements de prothèses
pour broyer
les concepts aigris
amarrés dans mon placard
où m'atteint
le moindre mot
de mon chaos
en disant   Je
Je Je Je...
arrogance
d'un mauvais courant d'air
sans son chaud contraire

_____

elle éveille le toucher
veille celui
que les feuillages
lui envient
ça fait trop mal
d'être entre les mots
sans accueil
avant le départ
s'immole sur sa bouche
une extase à peine arrivée
partir nous dit le temps
déjà nos folies rédemptrices
essaient d'éviter
l'ennui orangé du pire

———————

nous ne savons plus voler
et la vie passe à travers nos vies
sans laisser de plumes
pour soulever nos rêves
nous tuons
nos propres rejetons
les bruits
du cadran effarouché
de la chambre à coucher
attaquent nos intériorités
l'autobus aux écailles d'acier
passe à côté de l'appartement
en faisant vibrer
les réverbères éteints
faute d'énergie à éclairer
les passages de la nuit
par où nous aurions pu nous sauver
holà il est trop tard
le matin a repris la gaine du ciel d'hier

———————

j'irai tout à l'heure
voir les mouettes mouchetées
près des restaurants
de la rue Dalhousie
en croquant une Tylenol
au goût de miel
je leur donnerai du pain
à la cuisson parfaite
les sept grains de base
qui féconderont leurs cris
quand le soleil voudra bien leur rappeler
tes tournesols mal tournés
jetés à la brunante du canal Rideau

———————

déparlent les chaleurs
sous les hoquets de la lune
occultés par la pluie
des pays rongeurs de terre
s'épuisent sans danseurs
à entasser les vastes visages
d'enfants faméliques
comme ormes dévastés
par les écureuils malades
d'un monde
qui ne dorlote plus les poètes
des gratte-ciel de nos fontaines
les cotes d'amour imitent
les querelles des cartomanciennes
à la bourse
les beautés collantes
des amants que tu as vus naître
agonisent dans les marchés noirs
les carnavals des villes
avec leurs cratères cachés
donnent à volonté
les alcools à friction
à dépression
à sensation
à moisson

et le grand canyon de tes natures secondes
amplifie les triples carnages du scotch
avalé au lit
les chiens servis en roast beef
pourraient rassasier
le quotidien qui nous fixe
de son œil gris de cyclope

———————

comme ça
en marchant très longtemps
nous avons laissé
crampes aux pieds
devancer nos pas
nous condamner
à l'envers urticaire
en marchant sur place
tous nos rapports olfactifs
à nous tenir ensemble
ont cédé
au vertige mou
d'une dalle en ciment
sous la devanture d'une pharmacie
ennuyée par notre présence humaine
plus homme   plus femme
nous nous sommes écrasés
cocktail Molotov
contre une réalité sans révolution
c'était dans l'ordre des choses soumises

il n'y a pas de feu
ni de ravissement du salut
à cinq heures de l'après-midi
au centre-ville d'un dimanche empesé
dépourvu de notre ambivalence torchonne
le repeuplement du quartier
par les trous primesautiers
de la rue maganée
jugule ta social-démocratie
en quête de réfugiés heureux
du divan repu
en tenue soupir
le smog de tes comas composites
te rabat
vulgaire poussière
et cette nuit tu pilotais
une comète
précédée de fantômes
lutte sans toi
contre les valses
d'un quotidien jovialement pernicieux

———————

sous le tapis
le quotidien l'épie
elle en maillot de transparences
exemplaires obscénités
devant les épicéas de sa tapisserie
reflétée dans un miroir voyeur
au teint vert de sa tanière
elle traîne ses langueurs
aux ventouses de lamproie
pénétrant à force de s'obstiner
les rêves de ses amants
les pauvres meurent
les yeux vidés de leur lance-flammes
la bedaine en forme de jujube
saveur banane

———————

on tue les oiseaux
on ne sait plus voir
leurs chrysanthèmes lancer voiles
ils croisent les vents
je me contamine doucement au soleil
en parlant aux jeunes merles
leurs sœurs gourmandes
les plus vieilles
leur enseignent à se gaver
de petites denrées
aux allures mercurielles
trouvées sur les bords de la rivière des Outaouais
qui veut quitter son lit des chaudières
l'immobilise
l'élixir d'une civilisation terminale

———————

l'aurore lèche tes seins
et mon flamingo
se couche sur tes hanches
l'antre velouté des draps saumon
remue à peine nos âmes
la poussière tranquille
se faufile
sur plancher vernis
tu éternues
je me cramponne à ta statique ébranlée
d'un coup
le clair matin traverse le rideau timide
devant la fenêtre rafraîchissante
cascade l'amour rouge œillet
là où nous sommes
nous rageons de ne pouvoir éclater
le quotidien s'en réjouit
et s'empresse d'outrager nos contenances

----

si les libertés de la ville
baignant dans ses regrets
pouvaient sortir de ses baisers
des attendrissements
aux vases communicants
emmèneraient hommes et femmes
à pousser leurs cris
parmi tous les liquides
que les égouts charrient

———————

les vapeurs du matin
tournent en spirales
leurs langues mauves brandissent
des menaces rasoirs
à la face du quotidien
éventreur de jours anodins
égorgeur de l'élan
venu de tes doigts
tuer le tueur aux abois
en plein javex de misères
ça sent la poutine
et le mal des viscères

---

il y a encore des temps...
je ne les entends plus
ils sont accouplés
au gentil ronronnement
des jours indolores
privés des séductions du je intempestif
aux deux genres divinatoires
qui font mal sans bon sens

———————

hors des mots

j'emprunte ta voix marine
j'en irrigue les détresses
mes lèvres
laissent courir sur ton ventre lilial
amanites de nos silences

———————————

n'entends plus tes nocturnes
tes plaintes pivoines
n'en peuvent plus à chaque été
d'éclater
pourquoi ces ovules qui fermentent
dans l'ovaire d'un roulé-boulé
rouant à coups d'humeur
les spermes survoltés voués à ta dévotion
toi qui fais tout sauter
surtout les échographies
empressées à prédire
le nouveau règne d'un crocus rose
en ta maternité
libre d'enfanter ton espace célibataire

———————

hors des titanesques balivernes
l'inconscient englue tout
tes oracles emmagasinent l'autorité
que l'on concède
à ta croissance
et tu grandis
orage magnétique des esprits
tu te ralentis par plaisir
tu te donnes à un autre médium
je te pointe sur la membrane éteinte
de la télévision mononucléaire
où tu finis par te dissoudre
en petits points insignifiants
tu renais sursaut pourpre
à mes yeux trempés
jusqu'à la cornée de mon traumatisme
tu flottes au-dessus des faisceaux
couleur melon d'eau des matins chauds
bordent les arbres violacés verts
d'un horizon ultra-jaune
tes pigments éphémères rigolent
au sein des espaces ocre

le tuba des vents
couve la quinte
que me donnent tes geysers
tu gémis horoscope
truffé de visages
tombent tes stupéfactions
et leurs missiles désarmés
enfin calmée
je te vois comestible
pétales protéiques
sous de vastes sagittaires
ton panache a la jouvance
d'une eau fragile
sans la mémoire de sa source

———————

un arbre fossilisé
au tournant de ma fenêtre
une révélation
un poteau tyrannosaure
les rats vénèrent
quinze mètres de béton roulé
louche un édifice chambranlant
à grande bouche d'achigan

la dixième bière venue
je m'élance vers cette verticale
si bien ennoblie
par siècles oubliés
je m'éventre   cri à quatre pattes
à dominer les verbiages urbains
autour des lavasses noires
des cafés purgatoires

———————

baroque bonheur
contralto rigolo
confettis chromés
affiches paillettes trompe-l'œil
frasques pieds de nez
pagaille loufoque
tu tritures les artifices
avant la grande descente
aux champs des splendeurs autistiques

———————

comment tuer la décadence
quand elle grandit
à la vitesse des bactéries moites
pactisant en tremblements humiliants
à qui la faute
à nous si ouverts
à fiche en l'air
les limites des durées gâteuses
à nos corps
qui ne veulent plus porter lésions d'honneur
ah non... nos corps...
nos corps
ne veulent plus savoir
s'ils sont hardes de chiens à diriger

----

s'entre-dévorent
les idéologies
qui divisent les nations
comme des pointes de pizza trop garnies
alléluia   anchois en moins
on nous annonce encore un siècle furibond
il dévorera des milliards d'humains
leurs petits leurs *preachers* leurs prédateurs
nos prières sans vénération
nous rôdons à l'hôtel M-Tel
çà et là dans des pièces exiguës
mus par l'alogique suintement
de nos idées fixes
nous nous transformons
en dodécaphonies langagières
eurêka   le sublime nous donne un teint rosicrucien
nous perdons notre nous méthodique
emportés enfin par l'allocution de la confidence faciale

––––––––––

malgré le froid
ce voleur de protéines bien crispées
tu dors à dos découvert
et des manchots dominos
circulent sur ton muscle rigide
t'avances titanic
vers des moments
qui pointent leurs diamants
en direction de ton égo tendu
implacable nuit
aux tics ravageants
en transe ventriloque

j'entends un critique accusé d'atrocités
hurler au juge de la couronne
que c'est par amour du métier
qu'il pratiquait des autopsies
sur des auteurs vivants
toi déjà
femme du Styx
tu donnes le baume de l'oubli
à celui dont l'écriture a été tuée
par ce fanatique de la biologie littéraire

au mois d'août ambré
où pour la première fois
le poète avait valsé avec les récits des corneilles
sur les crêtes des champs de blé résignés
se révolter contre les mots
pourquoi cette souffrance
vaut mieux les abandonner
aux migrations de la raison
qui ne trouvent point d'appui
pour justifier l'inévitable texte du silence
l'oraison en mal de mains
qui façonnent la délivrance

———————

passés au tamis d'émotions rares
mots éprouvés à bout de souffle
n'enseignent plus l'harmonie
des géographies
aux survivants du hasard
ne savent plus reconnaître
les refrains qui meurent
la germination charnelle de nos idées
qui accompagnent
toutes les grossesses du monde

———————

nos éternités

pourquoi mourir
en ravalant nos éternités
à de simples questions
de petites métaphysiques
l'empressement exclamatif
trace nos divinités
à l'encre des rues
sur l'argent des buildings
t'aimer   maudit   t'aimer
sans contraste
parce que rien au monde
ne vaut la blancheur méthylique
de tes beautés qui ont tout évacué
offrant à ta source
ton abondance à transformer nos sexes
en nénuphars d'or
sur les soies rougissantes de nos séismes

———————

quand l'éternité s'installe
dans nos compromis vipères
des incohérences à parler
exultent au dedans du temps
les mots passent avec nous
quelque part sans grammaire manie
au milieu de la matière
toutes nos réincarnations
échappent au mal archipel
des langages à la faux
nous surgissons
immense arche de Noé
au-dessus des eaux frisées
par rires en désirs

———————

liturgie de détresses
ton intouchable absolution m'attire
malgré mon culte trémolo
à me soûler
à prendre une pause poreuse
que tu refuses cinglante
je multiplie paniques paradigmes
dans tes démences canailles
est-ce encore toi
qui déjoues
les motivations du stop absolu
avant le jour
la mort... ah la mort...
je flageole à penser
à tes nitroglycérines
sous les encroûtements du gras durci
de toutes ces vies
farcissant nos généalogies

—————————

plus de protocole idoine
en te pourchassant
avec l'ardeur d'un poulpe
je vais trouver refuge
derrière de noires métaphores
que tu engendres
je n'ai jamais su
quel état te traquait
toi toujours en transit
à travers provocations
que j'aurais voulu tatouées
de mes idées de bonheur
et voilà que les métastases du vide
gagnent mes fibrillations
qui pensaient sentir
les écarlates prosodies du réel
ta propension à découper
les discours qui s'accrochent futiles
à ton image propulsive
me laissent sans peau
pour affronter ton acide incitation
à me voiler de la grâce
du tabou de l'incertitude
qui se voue au tout

ta désertion
inonde
nos fêtes férues
nos provisions permissives
quelque part au Honduras
mesmérisé par les lactations luxuriantes
me reste émotions flavescentes
des *llanos* que tu m'as laissés
impudique prémonition
de nos subjectivités succulentes

_____

entre l'impuissance
et l'invention de te palper
tes tourments
ne coïncident pas avec moi
mais avec le carnage d'une vie
qui finit
tu recommences aussitôt ta dérive
en tremblements météores
impossibles entrelacs délirants
tu projettes des morceaux de ville
jadis accaparés par les affaires des mortels
tu malaxes tes incendiaires lancées
aux gymnastiques d'immolation
des vivants
tu hurles la déviance
à fuir en avant
bien au-delà de toutes ces durées
dont on injecte nos vies à la naissance
et qui finissent par avorter
nos meilleures atlantides

———————

depuis le plénipotentiaire pot-pourri
de certitudes usées
et la plénitude de tendresses
aux extrêmes onctions
s'éjectent de partout
nos émeutes nos chimies
nos corps imprenables
avant que les ligotent
orchidées de l'agonie

———————

mimosa millénaire
ô sensivite première
tes étymologies si fines
captent les vibrations des mots
que les étreintes de tes ecchymoses
rendent aux soupirs de l'univers
plis et replis impénétrables
d'extases immémoriales
qui font appel de nouveau
aux cosmologies anathèmes
mandrill subjugué
je me maudis à t'offrir
le fruit trop vite tombé
d'épousailles à venir

---

voilà que la pulpe savoureuse de tes odeurs
provoque le goût de s'élever
par-dessus les moissons de nos sabotages
nous flottons mousse innervante
sur légions de fougères
étincelles aux parfums verts
obstinés ineffables nous nous noyons
dans les végétations du soir
qui nous ouvrent
aux mouvances macérées
de sous-bois capillaires

---

j'emprunte tes crises
à tes organes
pit bull je mords le temps
qui de son sourire brûle nos racines
ta délinquance carcajou
arrache à chaque destinée
la présence du vivant qu'elle masque
ta véhémence à déployer l'amour
me donne la flore   la faune
de nos éternités si tenaces

———————

j'ai compris
qu'un bal était de mise
quand tu cherchais à enfiler
une autre vie
avant la tombée de minuit
n'étant pas disponible
tu donnais libre cours
à la feinte d'y croire
des ennuis de l'habitude
surgissait le beau prince
il s'avançait
prenait ta main droite
la seule évidente au travail du cœur
baisait ton petit doigt si câlin à l'affaire
on aurait cru
qu'il embrassait une belette orpheline royale
tu tournais la tête
loin de cette extrémité si sensible
lui agile avec insistance
approchait de ton cou
ses crocs très disponibles
et là je me réveillais tout pris
en un rien

———————

tu riais de moi
en écoutant les borborygmes
de mes tas de secrets gestuels
me tue l'énergie
qui ne veut pas répondre
à ma faim d'être partout à la fois
avec l'empressement élégant
des axones des dentrites frivoles
des fils de fée agités sous la peau
qui me garantissent l'ubiquité
la décharge électrique
le flux permanent d'étoiles
d'une capitale
et de ses néons éclatés

———————

je meurs
chaque fois
qu'une vie nouvelle
t'est donnée
s'agit-il de t'aimer
à chaque éclatement
tout ouragan
j'attends ton maëlstrom
à recommencer
insuffisance des choses
ne t'a pas vue repartir à neuf
sanglot comme il faut
à la flambée qui te porte

———————

j'allais jurer
que la poésie s'écrit
avec des images
les romans
avec des phrases
mais un récit apodictique
a brouillé mon dictionnaire missionnaire
en y glissant une jardinière
aux propos solos
sans mots images

———————

je t'ai vue
flash rouge-gorge
hachurer le tralala
de l'espace et du temps
qui ralentissait trop tes hyperboles
j'étais immortel
à te voir ainsi
propagation irritée
purifiant désordre ensanglanté
était-ce vraiment toi
incandescente grâce à renaître
aveu imprenable de l'éclair
ou était-ce la mort
qui délirait déjà
dans mes sérénités brûlées
par ta substance trop toxique

———————

Esta

Esta première
Esta safranée
Esta sacrilège
Esta je te perds
tu me mêles
hybride vérité
du début des hommes
jusqu'au dernier
Ève militante
tu renvoies tous ces dieux
à leurs miroirs saccagés
que vandalise
ta joie pugnace à dresser
tes règnes sans leurs effigies
et malgré leurs règlements de compte
à vouloir te tuer
nul présent ne veut ta mort
nul temps hélas
ne peut résister longtemps
à l'atonie du mal
qui vampirise ton attachement
aux atours de la déviance

———————

l'odeur d'une nuit
qui n'a pas fui
sur rues toutes nues
me donne Esta
volatile sur ville
or à ses yeux bleus courant d'air
graffiti partout
aux tendresses agitées

rien ne vaut ses jours
pleins de lèvres rouges tomates juteuses

elle bouge là-bas
le répondeur ne capte pas ça
Esta   es-tu là Esta

l'appel se replie
se retourne
sur solitude repère
où l'on espère
disparaître avec l'autre

j'inspire j'expire une deux trois vies
penser que dormir seul
avec son sexe est facile
j'ai horreur
des tranquillités collantes
du moi

allô... allô... Esta
la narration en sons fébriles reprend
soutenue par des silences
bourrés de songes qui se parlent

Esta était d'ailleurs femme déjà
quand sa nécessité
eut envahi mes neurones
fit de moi passion
à la vouloir partout la prendre
tant que mes mémoires mes images
brûlèrent plus d'une fois
à vouloir la fixer ici là
sur clichés de quartiers
à moitié minuit
à moitié ennui je pleure
en plein béton
avec mes airs de ouaouaron
j'envie tes démangeaisons
à suivre les mouettes
qui crient ton immensité à crier

ce sera bientôt
le départ des chaleurs vers Guatemala City

je mâche matin
et l'avale
à gorgée de listerine frappée

à chaque fois dehors
je me tourne
vers ta géographie
aux détresses fécondes

avec tes mains impensables
la nouvelle modernité de tes concepts
m'ouvre voie sous les trottoirs
et j'arrive à toucher
tes fêtes, tes enfances
enfoncées dans tes temples vendus à la pièce

amante... Esta... allô... Esta

mon rire s'affole à fleur de peau
les grandes affaires de la passion
de ses misères
sifflent sous mon manteau
mes culottes tournent à l'envers je grelotte

allô   Esta...
de ma gorge
tes paroles sortent
à zéro au milieu des choses
tes fictions coulent sur ma langue
jamais midi-fuyant
je ne dirai où tu te trouves

tous tes gestes
au loin
sont îles
à celui qui se noie
devant toi

Esta... à ces heures
moi aussi je suis ailleurs Esta
migration de pas
je passe
entre jours futurs et ville
qui mettent cap
frissons sur tourments
branle-bas
l'entrelacs des encres cobalt
qui les premières verront l'aurore
pluie noire
hérissée d'étoiles
que je sens fatales

je l'entends venir
elle a la certitude
de ta voix de tes bras
avant l'éclat écarlate

———————

je t'entends Esta
j'entends ton sourire
qui m'attire à la rivière
à la manière d'une cantate
parmi roches fluides roses

je t'embrasse Esta... Esta
un filet de lune me prend au vol
l'étincelle argent de ton désir
me ramène à la rive
qui me tend son épaule
tendre de boue

je parle de toi Esta
tu te promènes
dans le parc sans parc
où par foi en la première fois
je t'ai montré un sexe ordinaire
d'où tu tiras
opulence à roman

———————

toutes ces danses jubilatoires
je les ignorais
elles me manquent
encore plus
ton mal m'a donné plusieurs vies
l'interdit de tous les corps
celui de se pénétrer par l'esprit

———————

Esta...
je recommence l'appel
demeurent nos trous à tendresse
temps abîmes
inscrits dans des écritures égratignées
nos mots auront été des grâces sanguinolentes
à attendre la fin
la bonne cette fois

allô... allô Esta...
je te vois idée fixe
tu déteins sur réalités malaxées
par l'infini d'en finir

mais... pourquoi parler Esta
pourquoi parler de mort
toi tu es instant pur
toute rupture qui dure et traverse les corps

allô…
Esta…
Esta bien   Esta… bien
tout d'un coup
je suis rues bouillantes d'où tu viens
feu de Guatemala City

allô
allô… Esta
oui… oui… est-ce toi
…c'est toi Esta
on me dit ici
écoute-moi… Esta

on me dit ici
t'es pareille
à une vérité cristallisée d'éther
si je te touche enfin
ta masse d'être explose
Esta… Esta…
tu es refus destin de tout
inachèvement qui meut sa faim

———————

Esta...
à tes outrances
je m'attache
pour te fixer en moi
me fixer en toi
comme visage planté
dans ton âme
dans ton masque fissuré
ou est-ce mon âme
dans ton visage qui craque

Esta...
dès que tu me blesses Esta
je suis hors de tout
je suis Esta en toi
souffle en toi incendiaire
Esta en toi
dans la nuit des rues
de Guatemala City

———————

tes fugues fripées
maudissent les efforts tordus
en faveur d'un lit partagé
la réconciliation des sexes
qui nous habitent
poussent mes cogitations porc-épic
à dire n'importe quoi
à gagner du temps
ton temps
avant que l'élégance de la fuite
te fournisse l'éclat nécessaire
à tes entités mutantes
je me démembre à te suivre
faute d'avoir pu te nommer
invraisemblable tohu-bohu
est-ce toi seule qui enfantes les gènes
me confie la solitude
pourquoi est-ce toi Esta
qui m'annonces toutes les sensibilités sacrifiées
des particules naissantes
pourquoi est-ce toi Esta
en slalom sur les chiromancies
je n'ose plus te prédire
puisqu'elles ne t'atteignent pas

———————

tu recycles Stanley Park
les néants navrants
d'après mai 68
aérienne
tu tournes
autour de mon désespoir muscat noir
je tente de m'accrocher à ton arrogance
mais je m'enfonce
à cause de mes consciences trop lourdes
qui m'ont tant donné
d'anges gardiens abusifs
je coule Esta
en emportant
ton image fuchsia
tes mots déguisés
en hirondelles de mer
dois-je mourir ainsi Esta
seul avec un cauchemar
que je n'ai pu réveiller
syncope soufflant le plancton
des grands fonds
où zézayent les poissons
d'un opéra bouffe au ralenti
les cycles de l'apocalypse

———————

le sacerdoce d'un cri

voyelles vulcaniennes
sentent à l'extrême
crispations tango
liées à tout jamais
à nos tarentelles vipérines

trombes violines
s'écrasent sur elles-mêmes

cris sous le poids des crachats gorgones
aux chevelures vomissantes
d'ogives délires

furies désertiques
prises entre l'insignifiance des périples
et l'effroyable refus du néant

cris dans les doutes
les grandeurs
trous hagards
par où se perdent
les cris jamais là
comme toi

thromboses
d'une beauté qui pousse à tuer
c'est le vide
cela ne vaut rien
parce que ce vide
vaut le néant
qui s'abat sur nous
comme un cochon affamé

éclaboussures aux excès terribles
vie   mort de rage en cris

cris cris plus forts
ces cris de poumons
brûlent à respirer
ces éternités insensées
plantées au cœur
de l'immensité de faire maudit
défie à la fois
le salut   l'enfer des religions jalouses

cris
doivent se crier
en une durée infâme
en dents requin blanc

l'extrême chair du cri déchiqueté
se vide

cris cris de crier
nous ne disparaîtrons jamais
réalités flagellées
aux déchaînées solitudes

se crier dans cyanure d'autrui
se tapir enfin cris vides
sous la pluie

———————

table

Collection
Rameau de ciel

- Paul Prud'Homme, ***Vernissage de mes saisons.***
Poèmes, 1986, 48 pages.

- Nancy Vickers-Hussain, ***Au parfum du sommeil.***
Poèmes, 1989, 72 pages.

- Pierre Pelletier, ***Sur les profondeurs de l'île.***
Ballade, 1990, 80 pages.

- Andrée Christensen, ***Le châtiment d'Orphée.***
Poème, 1990, 128 pages.

- David Mills, ***The Social Comedy. Poems,*** 1990,
106 pages.

- Jacques Flamand, ***La terre a des frissons de ciel.***
Poèmes, et ***Partita à ciel ouvert,*** 1990, 104 pages.

- Nicole V. Champeau, ***Le temps volé. Poésie,*** 1991,
148 pages.

- Andrée Christensen, ***Lèvres d'aube. Suivi de***
L'Ange au corps, 1992, 140 pages.

- Hédi Bouraoui, ***Émigressence. Poésie,*** 1992,
100 pages.

- Jacques Flamand, ***Boire ta soif. Poèmes,*** 1993,
88 pages.

- Alexandre L. Amprimoz, ***Nostalgies de l'ange.***
Poèmes, 1992, 80 pages.

- Nicole V. Champeau, ***Tendre capture. Poésie,***
1993, 120 pages.

- Andrée Christensen, ***Noces d'ailleurs. Poèmes,***
1993, 100 pages.

- Cécile Cloutier Wojciechowska, ***Ancres d'encre,***
1993, 94 pages.

- Paul Savoie, ***Danse de l'œuf. Poésie,*** 1994,
72 pages.

- Andrée Lacelle, ***Tant de vie s'égare. Poésie,*** 1994,
96 pages.

Autobiographies d'un cri est le cent quinzième livre
publié par les Éditions du Vermillon.

Composition en Bookman
corps onze sur quinze
et mise en page
Atelier graphique du Vermillon
Ottawa (Ontario)

Séparation de couleurs
et films de couverture
So-Tek Graphic Inc.
Gloucester (Ontario)

Impression et reliure
Les Ateliers Graphiques Marc Veilleux Inc.
Cap-Saint-Ignace (Québec)

Achevé d'imprimer
en février mil neuf cent quatre-vingt-quinze
sur les presses des
Ateliers Graphiques Marc Veilleux Inc.
pour les Éditions du Vermillon

ISBN 1-895873-23-1
Imprimé au Canada